ALLOCUTION

PRONONCÉE

DANS L'ÉGLISE SAINT-NICOLAS DE RETHEL

APRÈS L'ANNONCE D'UN

SERVICE SOLENNEL POUR LE REPOS DE L'AME

de M. l'Abbé FOURNIER

CHANOINE DE REIMS

Par M. l'Abbé Th. PIERRET

CURÉ DE RETHEL

LE 28 NOVEMBRE 1869

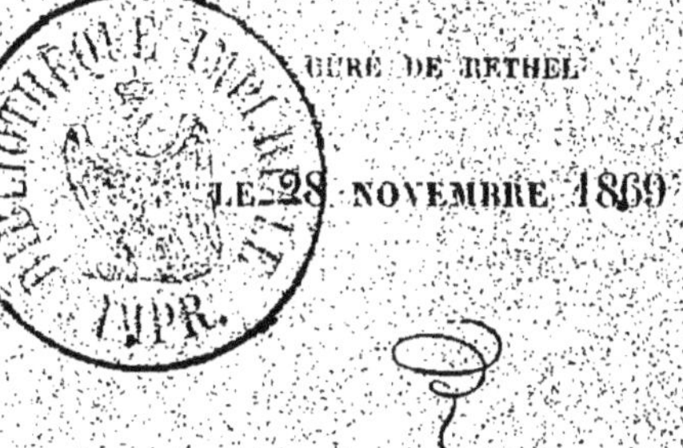

RETHEL

ALPH. TORCHET, IMPRIMEUR-LIBRAIRE

Rue Neuve, 22.

ALLOCUTION

DANS L'EGLISE SAINT-NICOLAS DE RETHEL

APRÈS L'ANNONCE D'UN

SERVICE SOLENNEL POUR LE REPOS DE L'AME

de M. l'Abbé FOURNIER

CHANOINE DE REIMS

Par M. l'Abbé Th. PIERRET

CURÉ DE RETHEL

LE 28 NOVEMBRE 1869

RETHEL

ALPH. TORCHET, IMPRIMEUR-LIBRAIRE

Rue Neuve, 22.

ALLOCUTION

PRONONCÉE DANS

L'ÉGLISE DE SAINT-NICOLAS DE RETHEL

Après l'annonce d'un Service solennel pour le repos
de l'âme de M. l'abbé FOURNIER, chanoine de Reims

Par M. l'abbé Th. PIERRET

CURÉ DE RETHEL

Le 28 Novembre 1869

———⋙⋘———

MES FRÈRES,

Vous venez d'entendre l'annonce d'un service solennel
pour le repos de l'âme de M. l'abbé Fournier, chanoine
de l'église métropolitaine, vicaire général honoraire,
ancien curé de cette paroisse. Cette annonce, j'en suis
certain, a trouvé de l'écho dans vos cœurs, et elle a
réveillé dans vos souvenirs les éminentes qualités du
bon prêtre que nous pleurons, du digne confrère qui
vient de nous quitter. Aussi, j'aime à le penser, vous
voudrez payer cette dette de reconnaissance et vous
viendrez nombreux prier dans ce temple où lui-même
a prié tant de fois pour vous, et qui a retenti si souvent
des accents de sa voix; vous viendrez tous demander
au Dieu de toute miséricorde et de toute clémence de
lui accorder bientôt la récompense qu'ont méritée ses
vertus.

M. l'abbé Fournier naquit à Savigny, près de Vouziers, le 21 janvier 1804. Son enfance fut pieuse, car la famille à laquelle il appartenait, malgré le malheur des temps, avait conservé l'antique foi, comme on conserve un trésor précieux. Ce trésor fut versé dans sa jeune âme par une mère dont nous avons pu contempler les douces vertus. Bientôt, dans ce milieu si bon, dans cette religieuse atmosphère son cœur sentit un secret attrait pour le sacerdoce, et comme toutes les âmes simples et droites, il l'accueillit avec bonheur, et sous le souffle de Dieu, il se laissa doucement glisser dans cette voie (*).

Dès lors son caractère prit ce pli régulier qui fut un des traits saillants de sa vie. Dans les séminaires qui virent les années de sa jeunesse, il se montra tel qu'il fut toujours, plein de douceur et de piété, serviable et bon pour tous, acceptant le travail et ne le redoutant jamais. Déjà son intelligence et son talent pour la parole étaient visibles et la prudence qui devait le guider dans toutes ses actions était évidente à tous les regards.

A peine fut-il ordonné prêtre par Mgr de Latil, qu'il fut envoyé comme vicaire dans cette paroisse en 1828, et quelques-uns d'entre vous se rappellent encore ses débuts. Ils se rappellent son organe si sonore et si beau, sa parole si limpide et si correcte. Aussi comme il savait réveiller la foi dans les âmes! Comme la vérité chrétienne apparaissait grande et belle sur ses lèvres! Joignez à cela la douceur et la constance de ses relations, l'aménité de ses mœurs, la droiture de ses conseils, la régularité dans son ministère, et vous ne serez nullement surpris de la trace profonde qu'il a laissée dans le cœur de tous ceux qui l'ont vu de près.

(*) M. l'abbé Fournier fit ses premières études sous la direction de M. Doury, prêtre vénérable, qui sut se montrer plein de courage dans les temps mauvais et dont le souvenir est encore vivant dans la paroisse de Savigny.

Aussi, bientôt, un théâtre plus élevé fut offert à ses talents et à ses vertus. Après dix-huit mois de vicariat dans la paroisse de St-Nicolas, il fut appelé pour remplir les mêmes fonctions dans l'importante paroisse de Notre-Dame de Reims. Ce qu'il avait été à Rethel, il le fut dans la cité métropolitaine. Tout entier à ses devoirs, il sut faire grandir encore ses qualités déjà si nombreuses et il profita de l'exemple que lui donnait M. l'abbé Bara, son ami, alors curé de Notre-Dame (*). Sur ce théâtre plus étendu et plus vaste, il attirait comme à Rethel les regards de tous par sa prudence, par son caractère conciliant et bon, par son talent pour la chaire. Aussi dans la pensée de l'administration diocésaine, il fut bientôt désigné pour un de ces postes qui d'ordinaire demandent la maturité du caractère et du talent.

Dans le courant de 1836, après la mort de M. l'abbé Ludinard, si cher à encore nos souvenirs, il fut appelé subitement et sans transition du vicariat de Notre-Dame à la cure de Saint-Nicolas de Rethel, et à l'instant il résolut de continuer les heureuses traditions que son digne prédécesseur avait laissées. Il sut entretenir la pratique des devoirs religieux par tous les moyens que son zèle prudent savait découvrir. L'archiconfrérie venait de naître, il s'en empare et il l'établit parmi nous. Persuadé que l'amour de la très Sainte-Vierge est tout puissant pour entretenir la paix dans les âmes et la pureté dans les cœurs, il organise une congrégation de pieuses jeunes filles et lui communique une force qui la maintient longtemps florissante.

Sa parole avait acquis plus de puissance encore, elle avait toujours l'intonation appropriée à la pensée, ses déductions étaient logiques. Aussi il produisait un éton-

____

(*) Mort évêque de Châlons en 1864.

nant effet sur toutes les intelligences, et l'émotion qu'il savait faire naître dans les cœurs était vive et profonde. A chaque station de Carême, on l'entendait annoncer les grandes vérités de la foi avec une nouvelle force et un nouveau succès. Il avait toujours présent à la pensée ce mot des saints livres : *Depositum custodi*, garde le dépôt de la foi. Et ce dépôt placé au fond des âmes par la main de Dieu, il le garda précieusement; bien plus, il sut le féconder et lui donner un accroissement nouveau.

Comment vous redire, mes Frères, son talent d'administrateur. Ah! il sut le développer lorsqu'il s'agit de doter notre ville de l'important établissement de Notre-Dame; il sut le déployer lors de la fondation de la salle d'Asile, don d'un généreux bienfaiteur, précieux abri pour le jeune âge, où les mères ne conduisent leurs enfants que pour les confier à d'autres mères. Ce talent d'administrateur, il sut le déployer encore lorsque plus tard, il fut chargé de la gestion des deniers de l'Église métropolitaine.

Que vous dirai-je de son amour pour sa chère église de Saint-Nicolas? Oh! comme il l'aimait, comme il était heureux et fier de l'embellir, et comme il indiquait par là à tous ses successeurs la voie qu'ils devaient suivre. C'est lui en effet qui sut trouver les ressources nécessaires pour établir l'imposant escalier qui donne à notre vieux temple un accès plus facile; c'est lui qui fit l'acquisition de ce riche ornement des grandes fêtes que des cathédrales pourraient nous envier; c'est lui enfin qui a doté notre église de l'orgue de chœur dont les sons si harmonieux et si beaux savent si bien relever nos chants.

Vous parlerai-je de ses relations avec les différentes autorités de notre ville, relations toujours conciliantes et toujours dignes?

Vous parlerai-je des rapports vraiment paternels qu'il avait avec les jeunes prêtres qui lui étaient donnés pour collaborateurs?

Vous parlerai-je de la généreuse hospitalité qu'il savait exercer vis-à-vis de tous ses confrères et des bonnes paroles avec lesquelles il savait toujours les accueillir?

Vous parlerai-je de l'affection dont son cœur était plein pour les différentes communautés de notre ville, de son amour si dévoué, si constant pour les familles indigentes de notre cité? (*)

Vous parlerai-je du dévouement admirable qu'il déploya pendant l'année 1849, lors de l'apparition du choléra parmi nous. Ce n'est pas sans émotion, mes Frères, que vous vous rappelez ces jours de deuil. La mort avait élu domicile dans toutes les familles, et sa puissance déjà si terrible était devenue plus terrible encore. Elle frappait à droite, elle frappait à gauche, elle était sans pitié, et un des jours de cette année néfaste est marqué par le trépas de vingt-sept victimes. La terreur s'était emparée de toutes les âmes. Qui donc les relèvera, qui rendra le courage à ces cœurs abattus? Ce sera le pasteur dévoué, ce sera M. l'abbé Fournier. Nuit et jour, il est sur pied, comme la sentinelle du devoir. Par sa parole, par des aumônes généreuses, il console, il ranime les forces, ou il rend plus doux les derniers instants.

Et quand un pauvre cholérique est seul, sans secours, sans soins d'aucune sorte, il est là pour le soigner et pour lui dire : Courage! Aussi la plus douce récompense lui est bientôt donnée.

(*) Les nombreux legs pieux qu'a faits M. l'abbé Fournier indiquent combien son cœur était bon. Rethel n'a pas été oublié, et la Société de Charité maternelle a reçu de lui un don généreux.

Un protestant était atteint de la maladie, M. l'abbé Fournier se hâte de le visiter. En entendant sa parole si affectueuse et si sincère, il est ému et il se dit que cet homme qui vient le voir spontanément dans son malheur, doit être le messager de la vérité; son cœur est gagné, son intelligence est ouverte, et avant d'expirer, il abjure ses erreurs et meurt réconcilié avec le ciel.

Mais arrivons de suite, mes Frères, aux dernières années de cette belle vie.

Après avoir évangelisé notre ville pendant dix-huit ans, la confiance de l'Eminent Cardinal Gousset l'appela à l'importante cure de Notre-Dame de Reims. Pendant plusieurs années, il fit face à ses nombreux devoirs. Membre distingué de l'administration diocésaine, il était toujours près à offrir à Son Eminence le Cardinal Gousset et au savant et pieux Archevêque qui nous gouverne le tribut de son expérience et de ses lumières. Mais bientôt, il sentit ses forces décroître, il crut que sa conscience lui faisait un devoir de résigner ses hautes fonctions, et il le fit non sans exciter les plus unanimes regrets. Depuis lors, sa vie s'est passée dans la compagnie de quelques amis, dans les souvenirs du passé, dans les affections de la famille et aussi dans l'amour de ceux qui avaient été ses paroissiens.

Oh! comme il aimait à s'entretenir de Rethel, comme il s'intéressait à tout ce qui pouvait se passer parmi nous! Comme il suivait par la pensée la transformation de notre église, transformation dont lui-même avait indiqué l'urgence.

C'est ainsi qu'il passait ses jours. Il pouvait prétendre encore à de longues années, mais une de ces maladies qui affectent tout l'organisme se déclara tout à coup, et la science, tout en l'entourant des soins les plus empressés, les plus dévoués et les plus suivis, comprit de suite que cette vie vraiment sacerdotale allait finir.

Dieu qui est insondable dans ses voies voulait lui donner le magnifique couronnement de la souffrance ; il lui manquait ce trait de ressemblance avec le divin Sauveur : il lui fut ajouté.

Pendant six mois, il vécut haletant, respirant à peine, attendant le moment de la fin, l'appelant de toute la vigueur de sa foi et de son amour pour Dieu. Je ne mourrai donc jamais, disait-il. Et lorsqu'on lui parlait de ses forces qui pouvaient renaître : Pourquoi ne pas mourir maintenant ? telle était sa réponse.

Le mercredi 17 novembre, je le voyais pour la dernière fois, je lui souhaitais bon courage. Je lui disais que le dimanche suivant nous ne l'oublierions pas à l'exercice de l'Archiconfrérie. Oh merci, me dit-il, merci, oui, priez pour moi pour que je meure bientôt ; je crains tant de me laisser aller à quelqu'impatience.

Il reçut les derniers sacrements avec les sentimens de la piété la plus vive ; son agonie dura cinq jours, et pas une plainte, il ne l'a fait entendre, pas une impatience, il ne l'a ressentie.

Il a été, disait un vénérable ecclésiastique, il a été pour tout le clergé de Reims un modèle et un exemple.

Vendredi matin, 26 novembre, ses forces étaient épuisées, il exhala son âme dans un souffle, il n'était plus, il était près de Dieu.

Tel était, mes Frères, le prêtre qui nous a tant aimés, qui nous a consacré vingt années de son existence, plus du tiers de sa vie intelligente et active.

Ah ! nous l'aimerons aussi en offrant pour lui nos plus ardentes prières, nous l'aimerons en nous unissant pour être plus forts à l'hôte du tabernacle, nous l'aimerons en venant confondre nos douleurs et nos regrets dans une commune supplication.

Puisse-t-il jouir bientôt des joies de l'éternelle patrie et du haut du ciel continuer à nous protéger et à nous bénir ; car c'est bien à ce digne prêtre qu'on peut appliquer ces paroles des livres inspirés : Le Seigneur a conduit le juste dans la voie droite, il lui a montré son royaume et lui a donné la science des saints. Ses travaux ont été entourés d'honneur et une magnifique récompense a mis le couronnement à sa vie. *Justum deduxit Dominus per vias rectas, et ostendit illi regnum Dei et dedit illi scientiam sanctorum, honestavit illum in laboribus et complevit labores illius.* (Sap. 10.)

Ainsi soit-il.

RETHEL. — IMPRIMERIE DE ALPHONSE TORCHET.

112